Inhalt

Rating-Agenturen - hat sich ihre Bedeutung durch die Finanzkrise geändert?

Kernthesen

Beitrag

Fallbeispiele

Weiterführende Literatur

Impressum

# Rating-Agenturen - hat sich ihre Bedeutung durch die Finanzkrise geändert?

Gerhard Dengl

Kernthesen

- Die Macht der Rating-Agenturen ging vor der Finanzkrise recht weit.
- Ein schlechtes Rating führte direkt zu höheren Finanzierungskosten. Ein gutes Rating wirkte dagegen für Investoren wie ein Gütesiegel.
- Die Finanzkrise hat jedoch auch die Risiken offenbart, die vor allem mit den internationalen Agenturen einhergehen.
- Dennoch scheint es so, als ob ihre Marktposition weiterhin unangreifbar ist.

Beitrag

Ratings beeinflussen Finanzierungskosten

Rating-Agenturen sind heute unverzichtbare Akteure auf den Finanzmärkten. Obwohl sie selber in der Regel nichts kaufen oder verkaufen, sind es ihre Bewertungen, die Ratings, die über Wohl und Wehe von Unternehmen oder gar Staaten entscheiden. Wenn zum Beispiel ein mittelständisches Unternehmen ein schlechtes Rating erhält, dann verteuern sich automatisch die Finanzierungskosten dieses Unternehmens. Das Rating beschreibt im Wesentlichen die Erwartung der Rating-Agentur darüber, ob der Kreditnehmer seinen Kredit ordnungsmäßig zurückzahlt. Ein schlechtes Rating wird von potenziellen Investoren als Indiz für eine geringe Bonität aufgefasst. Gläubiger die bereit sind, einem schlecht bewerteten Schuldner Geld zu leihen, verlangen dafür höhere Zinsen als Preis für das höhere Risiko. Durch diesen Zusammenhang nehmen die Rating-Agenturen indirekt Einfluss auf die Kreditkosten von Unternehmen. Aber es werden nicht nur Unternehmen geratet. Es gibt auch Ratings für Staaten, für Fonds oder für Anleihen - im Prinzip kann alles geratet werden, was einen Kredit bekommen kann. Bei der Kreditvergabe besteht stets das Risiko, dass der Schuldner ausfällt. Diese Ausfallwahrscheinlichkeit soll das Rating signalisieren. (7)

Die großen Drei

Die bedeutendsten internationalen Rating-Agenturen sind Fitch, Moodys und Standard & Poors - die großen Drei. In Deutschland haben sich neben den größeren Agenturen Creditreform und Euler Hermes bereits eine Reihe kleinerer Agenturen wie Assekurata, Feri EuroRating, GBB Rating und Scope Rating etabliert. Sie besitzen alle eine Zulassung für ganz Europa. In der Praxis sind es aber die Ratings der großen Drei, die die öffentliche Wahrnehmung bestimmen. Deren Marktmacht ist so stark, dass es lokale Anbieter wie zum Beispiel Creditreform, äußerst schwer haben, substanzielle Marktanteile zu erobern. Gerade international aufgestellte Unternehmen, die auch eine internationale Investorenbasis pflegen, kommen überhaupt nicht an den großen Drei vorbei. Zuletzt hat sich lautstarke Kritik am Einfluss dieser drei Agenturen am Beispiel von Griechenland geregt. (1), (8)

Weshalb haben Rating-Agenturen überhaupt einen derartigen Einfluss?

Obwohl Investoren nicht gezwungen sind, die Ratings zu berücksichtigen, verwenden sie diese oft für eine Anlage- oder Kreditentscheidung, weil sie selbst auch keine besseren Informationen über die Kreditwürdigkeit des in Frage kommenden Unternehmens haben. Ratings werden gerne genommen, weil sie bequem sind. Investierende Unternehmen müssten sonst nämlich eigene Abteilungen aufbauen, die sich mit der Bonitätsanalyse derjenigen Unternehmen befassen, in die zu investieren gedacht ist, anstatt diese Analyse den Rating-Agenturen zu überlassen. Doch anscheinend sind Investoren noch immer nicht dazu bereit. (9)

Können Unternehmen etwas tun, um ein gutes Rating zu erhalten?

Das macht sie für kreditsuchende Unternehmen sowohl attraktiv als auch gefährlich. Gelingt es einem Unternehmen, sich einer Rating-Agentur als besonders leistungsstark darzustellen, so werden sich die Finanzierungskosten auf mittlere Sicht verringern, gelingt dies nicht, so werden sie steigen. Das Ziel jedes Unternehmens muss es daher sein, sich den Rating-Agenturen stets im besten Licht zu präsentieren. Allerdings bekommt gar nicht jedes Unternehmen eine Gelegenheit dazu. Ein großer Teil der Ratings ist zwar beauftragt, das heißt, das Unternehmen lädt die Rating-Agentur dazu ein, ein Rating zu erstellen, aber der Rest sind Ratings ohne Auftrag. Bei letzteren erstellen Rating-Agenturen ein Rating, ohne das Unternehmen von innen zu kennen. Anhaltspunkte sind daher bestimmte Kennzahlen wie beispielsweise die Eigenkapitalquote oder der Cashflow aus der laufenden Geschäftstätigkeit. Dabei raten Finanzexperten, gerade eine höhere Ausstattung mit Eigenkapital anzustreben, da sie die stärkste Auswirkung auf das Rating hat. (6)

Trends

Die Bedeutung von Ratings ist "hart verdrahtet"

Seit der Umsetzung von Basel II müssen Banken bei der Kreditvergabe an bestimmte Kunden oder bei der Investition in bestimmte Wertpapiere die Ratings von ausgewählten Agenturen berücksichtigen - ob sie wollen oder nicht. Da die Verwendung von Ratings teilweise gesetzlich vorgeschrieben ist ("hard wiring"), geht von ihnen eine starke Signalwirkung aus. Auch Nichtbanken orientieren sich daran. Politiker, die fordern, dass die Macht der Rating-Agenturen beschnitten werden muss, realisieren oft nicht, dass erst die Politik den Rating-Agenturen diese Macht gesetzlich eingeräumt hat. (4)

Rating-Agenturen sind angeblich nicht unabhängig

Dass Rating-Agenturen nicht unabhängig seien, wurde schon lange vermutet. Da sie häufig von denjenigen Unternehmen bezahlt werden, für die sie Ratings erstellen, liegt der Interessenkonflikt auf der Hand. Nun kommt noch Kritik aus einer ganz anderen Richtung hinzu: Ein Punkt, der während der Griechenland-Krise immer wieder genannt wurde, ist die Tatsache, dass die großen drei Agenturen US-amerikanische Wurzeln haben, und daher nicht neutral urteilen könnten. Es wurde der Eindruck erweckt, als würden amerikanische Kommunen teilweise zu gut bewertet, während wiederum Länder an der Peripherie der Eurozone zu schlecht bewertet wurden. Aus Sicht der EU haben die laufenden Rating-Herabstufungen von Griechenland die europäischen Rettungsbemühungen unnötig erschwert. Unabhängig davon, ob dieser Vorwurf überhaupt haltbar ist, entstand die Idee, den drei amerikanischen Agenturen eine europäische entgegenzusetzen. Das Argument: Diese Agentur wäre unabhängiger als die amerikanischen Vorbilder. Dass diese Unabhängigkeit tatsächlich gegeben ist, muss bezweifelt werden. Wenn nämlich die amerikanischen Agenturen von der amerikanischen Politik abhängig sind, warum sollte dann eine europäische Agentur von der hiesigen Politik unabhängig sein. (3)

Fallbeispiele

Für BASF ist ein gutes Rating Teil der Finanzierungsstrategie

Wie sich am Beispiel der BASF zeigt, baut eine solide Finanzierungsstrategie unter anderem auf einem guten Rating auf. So zählt es zu einer der wichtigsten Vorstandsaufgaben für den Konzern ein "A"-Rating zu erhalten, weil dadurch stets der Zugang zum externen Finanzmarkt gewährleistet ist. Auf diese Weise machte sich BASF von Banken unabhängiger und hatte auch während der Finanzkrise keine

Finanzierungsengpässe. (5)

Metro mit mittelmäßigem Rating unzufrieden

Deutschlands größter Handelskonzern soll wieder flott gemacht werden. Schon länger dümpelt Metro mit eher durchschnittlichen Kennzahlen, was Umsatz, Rendite und Dividende im Mittelfeld angeht, dahin. Dafür erhielt der Einzelhändler von Standard & Poors zuletzt die Note BBB mit negativem Ausblick. Grund genug für den ehemaligen Finanzvorstand und neuen Konzernlenker Olaf Koch sich auf die Fahnen zu schreiben, den Konzern wieder fit zu machen. Erreichen will er dies, indem er sich genau auf die Kennzahlen fokussiert, die auch für die Rating-Agentur ausschlaggebend sind: Der Umsatz soll durch Preissenkungen gesteigert werden, ansonsten soll stärker gespart werden, damit die Rentabilität wieder wächst. Geht der Plan auf, ist zu erwarten, dass Standard & Poors die Ratingnote wieder anhebt. (2)

Durch Sale-and-Leaseback besseres Rating erzielen

Die Gesellschaft für innovative Werkzeugsysteme (GiW) - ein kleinerer Mittelständler im Maschinenbau - hatte Kapitalbedarf, wollte aber gleichzeitig unabhängiger von der Bankfinanzierung werden. So war es wichtig, vor der Fremdkapitalaufnahme das eigene Rating zu verbessern. Gelungen ist dies, indem das Unternehmen einen Teil seiner Anlagen verkauft und zurückgeleast hat. Obwohl sich faktisch an den Produktionsbedingungen nichts änderte, hat dieser Kunstgriff die Bilanz entlastet. Jetzt sieht es optisch so aus, als stünde mehr Eigenkapital zur Verfügung, da dieses nicht mehr in den Anlagen gebunden ist. Die Rating-Agentur hat dies sofort mit einer Heraufstufung belohnt. (10)

Weiterführende Literatur

(1) "Kein Amerikaner kennt Creditreform" Festung Firmenratings - Die deutsche Wirtschaft hat Roland Bergers Projekt für eine EU-Ratingagentur abgeblockt. Sie arbeitet lieber weiter mit S aus FINANCIAL TIMES Deutschland

(2) Wie Metro ein besserer Verkäufer werden will aus Handelsblatt Nr. 097 vom 21.05.2012 Seite 024

(3) Brüssel macht aus Ärger über S&P kein Geheimnis Barnier nimmt erneut Timing aufs Korn - EU-

Kommission hofft auf zügige Einigung über neue Regulierung
aus Börsen-Zeitung, 17.01.2012, Nummer 11, Seite 7

(4) Der Druck auf die Ratingagenturen nimmt zu
aus Frankfurter Allgemeine Zeitung, 17.01.2012, Nr. 14, S. 10

(5) Finanzierungskosten der BASF sinken Der Finanzchef des Chemiekonzerns über die Optimierung der Kapitalstruktur, Kontakte mit chinesischen Investoren und die Staatsschuldenkrise
aus Börsen-Zeitung, 05.05.2012, Nummer 87, Seite 11

(6) Retten war gestern
aus FINANCE - Der Markt für Unternehmen und Finanzen Heft 2 vom 16.03.2012, Seite 8

(7) Verkorkste Rating-Beziehung
aus Börsen-Zeitung, 14.02.2012, Nummer 31, Seite 8

(8) EU-Aufseher ebnen US-Ratinghäusern den Weg Egan-Jones ist in Europa außen vor - Auch in Deutschland sind viele kleine Agenturen lizenziert
aus Börsen-Zeitung, 21.04.2012, Nummer 78, Seite 5

(9) Der Rückbau des Ratings
aus FINANCE - Der Markt für Unternehmen und Finanzen Heft 1 vom 03.02.2012, Seite 46

(10) Unabhängiger vom Bankkredit
aus Frankfurter Allgemeine Zeitung, 18.04.2012, Nr. 91, S. B3

Impressum

Rating-Agenturen - hat sich ihre Bedeutung durch die Finanzkrise geändert?

Bibliografische Information der deutschen Nationalbibliothek

Die Deutsche Nationalbibliothek verzeichnet diese Publikation in der deutschen Nationalbibliografie; detaillierte bibliografische Daten sind im Internet über http://dnb.d-nb.de abrufbar.

ISBN: 978-3-7379-0519-0

© 2015 GBI-Genios Deutsche Wirtschaftsdatenbank GmbH, Freischützstraße 96, 81927 München, www.genios.de

Alle Rechte vorbehalten. Dieses Werk ist einschließlich aller seiner Teile – z.B. Texte, Tabellen und Grafiken - urheberrechtlich geschützt. Jede Verwertung außerhalb der Grenzen des Urheberrechtsgesetzes bedarf der vorherigen Zustimmung des Verlags. Dies gilt insbesondere auch für auszugsweise Nachdrucke, fotomechanische

Vervielfältigungen (Fotokopie/Mikroskopie), Übersetzungen, Auswertungen durch Datenbanken oder ähnliche Einrichtungen und die Einspeicherung und Verarbeitung in elektronischen Systemen.